BEI GRIN MACHT SICH IHR WISSEN BEZAHLT

- Wir veröffentlichen Ihre Hausarbeit, Bachelor- und Masterarbeit

- Ihr eigenes eBook und Buch - weltweit in allen wichtigen Shops

- Verdienen Sie an jedem Verkauf

Jetzt bei www.GRIN.com hochladen und kostenlos publizieren

Bedeutung von Kommunikation in der Führung

Saskia Haschke

Bibliografische Information der Deutschen Nationalbibliothek:

Die Deutsche Nationalbibliothek verzeichnet diese Publikation in der Deutschen Nationalbibliografie; detaillierte bibliografische Daten sind im Internet über http://dnb.d-nb.de abrufbar.

ISBN: 9783346741288
Dieses Buch ist auch als E-Book erhältlich.

Druck und Bindung: Books on Demand GmbH, Norderstedt Germany
Gedruckt auf säurefreiem Papier aus verantwortungsvollen Quellen

Das vorliegende Werk wurde sorgfältig erarbeitet. Dennoch übernehmen Autoren und Verlag für die Richtigkeit von Angaben, Hinweisen, Links und Ratschlägen sowie eventuelle Druckfehler keine Haftung.

Das Buch bei GRIN: https://www.grin.com/document/1278511

Einsendeaufgabe:

Reifegradmodell, Konfliktarten und Teamentwicklungsphasen

Abgegeben am: 17. April 2018

SRH Fernhochschule

Modul: Kommunikation und Führung (3. Semester)

Studiengang: Betriebswirtschaft und Management (B.A.)

von

Saskia Haschke

Inhaltsverzeichnis

(Alternative A)

Abbildungsverzeichnis 3

Aufgabe 1 4
A 1.1 Das Modell von Hersey und Blanchard 4
A 1.2 Anwendungshinweise für Führungskräfte 6

Aufgabe 2 8
A 2.1 Territorialkonflikte...8
A 2.2 Normierungs- und Bestrafungskonflikte 9
A 2.3 Führungskonflikte..11

Aufgabe 3 13
A 3.1 Nach welchen Kriterien beurteilt man, in welcher Phase sich ein Team
       befindet? 13
A 3.2 Entwurf eines Beobachtungsbogens..17

Literaturverzeichnis 23

Abbildungsverzeichnis

Abbildung 1:

Das Reifegradmodell von Hersey und Blanchard 4

Abbildung 2:

Beobachtungsbogen Outdoor-Teamentwicklungs-Workshop / 1. Seite 19

Abbildung 3:

Beobachtungsbogen Outdoor-Teamentwicklungs-Workshop / 2. Seite 20

Abbildung 4:

Beobachtungsbogen Outdoor-Teamentwicklungs-Workshop / 3. Seite 21

Aufgabe 1

A 1.1 Das Modell von Hersey und Blanchard

Neben wichtigen Aspekten in der persönlichen Beziehung zwischen einem Vorgesetzten und seinem Mitarbeiter, wie u. a. Sympathie und Akzeptanz, spielt für die Wahl des richtigen Führungsstils auch die Reife des Mitarbeiters eine entscheidende Rolle.[1] Das Reifegradmodell, das von Paul Hersey und Ken Blanchard entwickelt und erstmalig 1977 von ihnen veröffentlicht wurde, gehört zu den situativen Führungsstilen und wird wie folgt dargestellt[2]:

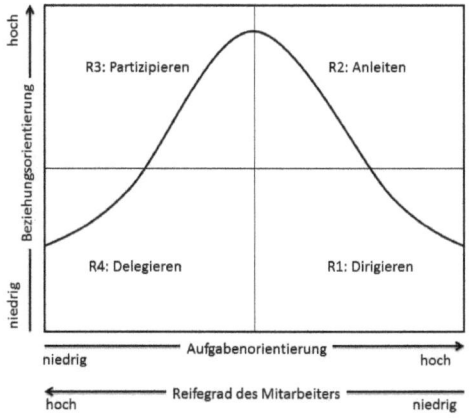

Abbildung 1: Das Reifegradmodell von Hersey und Blanchard
(Quelle: https://www.online-projektmanagement.info/pm-modelle/
reifegradmodell-oder-situatives-fuhrungsmodell/ (abgerufen am 14.03.2018))

Je nachdem wie reif der Mitarbeiter ist (Reifegrade R1 bis R4), lässt sich anhand des Modells ablesen, wie man als Vorgesetzter handeln bzw. den Mitarbeiter führen sollte:[3]

---

[1] Vgl. *Zielke* (2017), S. 130
[2] Vgl. *GRIN Verlag / Open Publishing GmbH* (2010)
[3] Vgl. *Springer Gabler | Springer Fachmedien Wiesbaden GmbH* (o. J.); Vgl. *Zielke* (2017), S. 130-132

R1 (geringe Reife): Dem Mitarbeiter fehlt es an Motivation, Wissen und Fähigkeiten.

➔ Diesem Mitarbeiter helfen klare Ziele und Vorgaben. Die Aufgaben müssen **dirigiert** und streng kontrolliert werden.

R2 (geringe bis mäßige Reife): Der Mitarbeiter ist motiviert, aber ihm fehlen die Fähigkeiten und das Wissen.

➔ Der Mitarbeiter muss **angeleitet** werden, Aufgaben in einem vorgegebenen Zeitraum erledigen zu müssen. Man sollte dem Mitarbeiter regelmäßig Feedback geben sowie Entscheidungen und Anweisungen erklären.

R3 (mäßige bis hohe Reife): Der Mitarbeiter ist fähig, aber es fehlt ihm an Motivation.

➔ Der Mitarbeiter muss **partizipiert** werden, also an Ideen und Entwicklungen teilhaben, als auch dazu ermutigt werden, Entscheidungen zu treffen. Anerkennung und Lob sollten bei diesem Mitarbeiter häufig erfolgen.

R4 (hohe Reife): Der Mitarbeiter ist motiviert. Wissen und Fähigkeiten sind ebenso vorhanden.

➔ Dieser Mitarbeiter ist kein Problemfall. Die Aufgaben können einfach an ihn **delegiert** werden und er sollte die Möglichkeit bekommen, selbstständig und eigenverantwortlich arbeiten und agieren zu können.

A 1.2 Anwendungshinweise für Führungskräfte

Das Reifegradmodell von Hersey und Blanchard ist, wie der Name schon sagt, **nur**

ein Modell, das als Hilfestellung und Richtungsweisung fungieren soll. Weitere wichtige Aspekte, die über den Reifegrad eines Mitarbeiters hinaus gehen, wie z. B. der Charakter einer Person oder das generelle Arbeitsklima im Unternehmen, werden hierbei vollkommen außer Acht gelassen.[4]

Das Reifegradmodell betrachtet außerdem nicht die persönliche Reife eines Menschen, sondern immer nur die "Reife" hinsichtlich der Aufgabenbewältigung. Derselbe Mitarbeiter kann also in einer Situation mit Wissen glänzen und die Aufgabe problemlos bewältigen, aber wiederum bei einer anderen Aufgabe Ratschläge und enge Führung benötigen.[5]

Des Weiteren wird bei der Führung aufgrund des Reifegradmodells von Hersey und Blanchard die **Anpassungsfähigkeit des Vorgesetzten** sehr stark beansprucht. Nicht nur, dass laut des Modells die Führungskräfte so gut qualifiziert sein müssen, dass sie jeden einzelnen Führungsstil anwenden können, sondern auch deshalb, weil der Vorgesetzte zu jeder Zeit ein hohes Maß an Einfühlungsvermögen und auch eine starke Analysefähigkeit besitzen muss.[6]

Damit geht die Frage einher, warum beispielsweise ein hochkompetenter Mitarbeiter langfristig gesehen kaum Engagement zeigt? Das Reifegradmodell geht der Ursache dafür nicht auf den Grund, wenngleich es normalerweise die Aufgabe der Führungskraft wäre, in diesem Fall das Verhalten des Mitarbeiters zu hinterfragen und zu versuchen es durch einen anderen Führungsstil verbessern zu können.[7]

Das Reifegradmodell zeigt demzufolge nur, wie sich der Vorgesetzte in seinem Verhalten dem Mitarbeiter anpassen sollte und führt daher weniger zu einer Veränderung oder Weiterentwicklung des Mitarbeiterverhaltens, sondern zu einem stärkeren Anpassungsverhalten der Führungskraft.

Einen weiteren Anwendungshinweis für Vorgesetzte findet man im Fall der **Teamführung.**

Wenn die Reifegrade der einzelnen Mitarbeiter sehr unterschiedlich sind, oder es sich generell um ein heterogenes Team handelt, dann bietet sich ein einheitlicher Führungsstil nicht an. Delegiert man die Aufgaben, dann kommen die "unreiferen"

---

[4] Vgl. *Zielke* (2017), S. 130
[5] Vgl. *KAYENTA Training und Beratung* (o. J.)
[6] Vgl. *Arenberg* (2016), S. 82
[7] Vgl. *Zielke* (2017), S. 130

Mitarbeiter mit der plötzlichen Eigenverantwortung nicht zurecht. Dirigiert man jedoch die Aufgaben an die Mitarbeiter, dann langweilen sich die "reiferen" Kollegen.[8] Das Ziel ist folglich die Angleichung der Reifegrade der Mitarbeiter. Allerdings wäre es kontraproduktiv die "reifen" Mitarbeiter in ihrer Entwicklung wieder nach unten stufen zu wollen. Deshalb kann man als Vorgesetzter eine Angleichung nur erzielen, indem man versucht den Reifegrad der "unreiferen" Mitarbeiter zu erhöhen.

Die Führungskräfte können für die Zielerreichung beispielsweise versuchen die Teammitglieder untereinander zu vernetzen, um so persönliche Kontakte aufzubauen, durch die Motivationsschübe, Wissen und Fähigkeiten auf die "unreiferen" Mitarbeiter übertragen werden. Alternativ können auch Personalentwicklungsmaßnahmen eingeleitet werden.[9]

Gleichen sich die Reifegrade der Mitarbeiter langsam an, dann kann man als Führungskraft leichter einen einheitlicheren Führungsstil verfolgen, der jeden Mitarbeiter weiterbringt und keinen davon hemmt oder verunsichert.

Wie der Name "situativer Führungsstil" schon sagt, bietet es sich in manchen Situationen an, den Mitarbeiter entsprechend seines Reifegrads zu führen und ihm individuell gegenüber zu treten.

Aufgrund der Erläuterung der drei Anwendungshinweise sollte die Führungskraft das Reifegradmodell jedoch nur als Richtungsweisung nutzen und nicht strikt daran festhalten, dauerhaft jeden einzelnen Mitarbeiter unterschiedlich führen zu wollen.

Für den Arbeitsalltag ist es deshalb für alle Beteiligten vorteilhafter, wenn der Vorgesetzte einen einzigen Führungsstil verfolgt, den er in der Umsetzung beherrscht und auch gut vertreten kann.

Aufgabe 2

A 2.1 Territorialkonflikte

Der Begriff "Territorium" bezeichnet bei dieser Konfliktart einerseits ein räumliches Gebiet, das umkämpft wird, andererseits zählen zu einem Territorium im Büroalltag vor allem Areale wie Zuständigkeiten, Kompetenz- oder Verantwortungsbereiche. Territorialkonflikte dienen dem Erhalt der Sicherheit und Stabilität, sowohl bei

---

[8] Vgl. *Arenberg* (2016), S. 38
[9] Vgl. *Arenberg* (2016), S. 38, 99

Individuen als auch in Gruppen, und haben deshalb sehr häufig eine emotionale Komponente.[10] Die Konflikte sind in der Praxis sehr vielfältig und reichen von der Parkplatzwahl, über die Bürogröße, bis hin zu Streitigkeiten, wer welchen Kunden erhält. Da in der Regel alle Territorialkonflikte auf den Erhalt oder die Gewinnung eines gewissen Status abzielen, wenden die Individuen und Gruppen sehr viel Energie und Zeit auf, um ihre Position zu behaupten, da territoriale Verluste ansonsten einen Abstieg oder Gesichtsverlust bedeuten können.[11]

Beispiel:

Carsten geht zu Julia ins Büro und sagt:
„Hallo Julia, hier sind noch einige Akten von ehemaligen Mitarbeitern. Die Bewertungsbögen müssen heute noch eingegeben werden. Mach das bitte!"

Julia antwortet:
„Das ist aber nicht meine Aufgabe, Carsten, auch wenn ich in der Personalabteilung arbeite. Du, als Leiter der Produktion, musst die Bögen selber eingeben, um zu überprüfen, dass keine Fehler in den Beurteilungen sind. Ich kenne deine Mitarbeiter nicht einmal, wie soll ich die Bögen dann eingeben? Abgesehen davon habe ich selber einen Berg an Arbeit."

Carsten antwortet:
„Die Akten müssen heute noch ins Archiv und in den Beurteilungen auf dem Computer sind keine Fehler, ich habe gerade drüber geschaut. Deine Vorgängerin hat das übrigens auch immer für mich gemacht."

Julia antwortet:
„Der Chef hat aber gesagt, dass ich mich heute noch um die Lohnabrechnungen kümmern soll. Für deine Sachen habe ich da keine Zeit mehr. Außerdem bist du nicht mein Vorgesetzter - du darfst mir eigentlich gar keine Aufgaben geben. Aber bevor das ganze hier eskaliert, gehen wir doch kurz hinüber zum Chef und fragen ihn, wenn du willst."

Carsten antwortet:
„Nein, ist schon gut. Dann mache ich das eben selbst."

Der Konflikt entsteht, da Julia nicht einlenken will, Aufgaben von Carsten zu übernehmen, die gar nicht in ihren Zuständigkeitsbereich fallen. Carsten möchte jedoch seine Position von vornherein klarstellen indem er Julia, die erst seit kurzem im Unternehmen ist, zum einen Aufgaben überträgt, für die er normalerweise selbst zuständig ist, und sie zum anderen unter Druck setzt, indem er ihr erzählt, dass Julias Vorgängerin ihm nicht widersprochen hat.

Julia lässt sich jedoch nicht beirren und möchte ihren Chef als Mediator (Vermittler)

---

[10] Vgl. *Arenberg* (2016), S. 91; Vgl. *Schwarz* (2014), S. 164
[11] Vgl. *Arenberg* (2016), S. 92; Vgl. *Schwarz* (2014), S. 164-165

hinzuziehen, der die Diskrepanz zwischen beiden aufklären soll.[12] Es kommt jedoch gar nicht erst dazu, da Carsten einen Rückzieher macht, da er ahnt, dass Julia im Recht ist und er ihr eigentlich keine Vorschriften machen darf. Er würde nur einen Gesichtsverlust vor dem Chef riskieren und lenkt daher ein.[13]

A 2.2 Normierungs- und Bestrafungskonflikte

Solch ein Konflikt entsteht, wenn sich ein Teammitglied nicht an die Normen oder Regeln der Gruppe hält und somit einen Verstoß begeht. Üblicherweise erfolgt eine Bestrafung oder Sanktion des Mitglieds, um die Norm wieder herzustellen.[14] Essentiell ist hierbei, dass es sich um offizielle aber auch inoffizielle Normen handeln kann. Ein ersichtliches Rauchverbot in allen Büroräumen wäre eine offizielle Regel. Eine inoffizielle bzw. verdeckte Richtlinie besteht, wenn es z. B. in einem Unternehmen üblich ist Überstunden zu machen und somit nicht der Norm entsprochen wird, wenn immer der gleiche Kollege als Einziger um 17 Uhr Feierabend macht und die Arbeit liegen bleibt.[15] Solche Normen, oft die sogenannten "ungeschriebenen Gesetze" in einer Gesellschaft, Gruppe oder Ähnlichem, regeln das soziale Miteinander und führen bei einem Verstoß zu einem hohen Konfliktpotenzial.[16]

Beispiel:

Lisa sagt:

„Mensch Frank, ich habe gerade am schwarzen Brett gesehen, dass du schon drei Wochen Urlaub im August geblockt hast. Wir machen doch erst nächste Woche gemeinsam mit den anderen die Urlaubsplanung und ich wollte gerne auch die eine Augustwoche frei haben."

Frank antwortet:

„Ja, aber ich hab doch letzte Woche schon gebucht. Ich habe am Anfang vom Jahr gesagt, dass ich zu der Zeit mindestens zwei Wochen frei brauche, weil wir zu den Schwiegereltern nach Spanien fliegen."

Lisa antwortet:

„Na toll! Das find ich echt super, dass du dir immer die beste Zeit raussuchst und wir anderen dürfen dann immer drum herum frei nehmen, weil wir ja sonst unterbesetzt sind."

Claudia steigt in das Gespräch mit ein:

„Ich finde es auch nicht richtig, Frank, dass du schon gebucht hast, aber kannst du dann nicht

---

[12] Vgl. *Proksch* (2014), S. 37
[13] Vgl. *Müller* (2014), S. 38
[14] Vgl. *Arenberg* (2016), S. 92; Vgl. *Schwarz* (2014), S. 170-171
[15] Vgl. *Arenberg* (2016), S. 92; Vgl. *Schwarz* (2014), S. 171
[16] Vgl. *Jiranek/Edmüller* (2017), S. 62

wenigstens die dritte Woche freigeben, wenn ihr nur zwei Wochen in Spanien seid? Wir anderen haben zwar keine Familie, aber wir würden auch gerne mal die Augustsonne genießen. Ich kann Lisa da voll und ganz verstehen, weil wir alle wussten, dass erst nächste Woche die Urlaubsplanung final besprochen wird. Die eine Woche hättest du jetzt auch noch mit dem Buchen warten können. Ihr braucht ja nicht mal ein Hotel!"

Frank antwortet:

„Okay, ich hab es verstanden. Stornieren kann ich den Flug nicht mehr, aber ich gucke, dass ich nicht die ganzen drei Wochen weg bin. Wir wollten in der dritten Urlaubswoche noch das Haus renovieren, aber ich kann euch auch verstehen. Ich bespreche es mit meiner Frau und dann klären wir das nächste Woche final ab, wenn wir den Termin für die Urlaubsbesprechung haben. Nächstes Jahr halte ich mich an die Abmachung – ich verspreche es!"

In diesem Beispiel besteht die offizielle Norm darin, dass allgemein bekannt ist, dass die Urlaubsplanung in der nächsten Woche gemeinsam stattfindet, sodass niemand bevorzugt oder benachteiligt wird. Es kommt zum Konflikt, da Frank als Einziger seinen Urlaub bereits eingetragen und sogar einen Flug gebucht hat, sodass er sich sicher sein kann, dass ihm niemand mehr diese Urlaubstage wegnimmt. Die anderen Kollegen bzw. Gruppenmitglieder empfinden dies als einen Verstoß gegen die offizielle Norm.

Die Lösung des Konflikts bringt in diesem Beispiel Claudia. Sie versucht das Konfliktpotenzial, das von Anfang an sehr hoch ist, zu einem frühen Zeitpunkt zu entschärfen und den Konflikt mit einem Kompromiss zu beenden.

Sie fungiert zum einen als "Schlichterin", da sie aktiv und konsequent in den Konflikt eingreift, um bei der Lösungsfindung zu unterstützen. Claudia übernimmt jedoch keine Entscheidungsverantwortung, sondern bittet Frank lediglich darum, sich auf die zwei gebuchten Urlaubswochen zu beschränken.[17]

Außerdem wendet Claudia eine Form der Mediationstechnik (Vermittlungstechnik) an, den "Perspektivenwechsel", indem sie Frank vor Augen führt, dass auch die anderen Kollegen gerne einmal die Augustsonne genießen möchten und nicht auf den Früh- oder Spätsommer ausweichen wollen. In diesem Beispiel führt dieses Vorgehen sogar zur Beilegung des Konflikts, da Frank eine neue Sicht auf das Problem erhält und einlenkt nochmal mit seiner Frau Rücksprache halten zu wollen.[18]

---

[17] Vgl. *Jiranek/Edmüller* (2017), S. 98
[18] Vgl. *Müller* (2014), S. 53; Vgl. *Proksch* (2014), S. 37, 72

A 2.3 Führungskonflikte

Diese Konfliktart stellt die Führungskraft in ihrer Position und die damit verbundene Führungskompetenz in Frage. Die Auseinandersetzungen thematisieren häufig Entscheidungen in fachlichen Details zwischen einem Spezialisten und einer Führungskraft.[19] Oft werden solche Konflikte aber auch zwischen formell und informell Führenden ausgetragen.

Die formelle Führungskraft wurde zwar vom Unternehmen zum Vorgesetzten ernannt, allerdings kann es vorkommen, dass die Mitarbeiter sie trotzdem nicht als solche wahrnehmen und anerkennen. Ein Grund hierfür ist z. B. die fehlende Rollendefinition, also dass Erwartungen und Kompetenzen vom Vorgesetzten nicht klar kommuniziert werden. Die formelle Führungskraft sollte demnach die Erwartungen, Ziele etc. ansprechen, klären und bestimmen. Kommt sie dieser Aufgabe nicht nach, dann ist die Wahrscheinlichkeit hoch, dass sich die Mitarbeiter lieber an einer informellen Führungskraft orientieren.[20]

Die informelle Führungskraft hingegen zeichnet sich dadurch aus, dass sie von den anderen Mitarbeitern aufgrund ihrer Autorität, ihres Handelns oder ihres Erscheinungsbildes auch als leitende Kraft wahrgenommen wird und dadurch letztendlich auch den Vorstellungen entspricht, die Mitarbeiter prototypisch von einer Führungskraft haben.[21]

Beispiel:

Herr Müller (die informelle Führungskraft):

„Herr Fischer, die Abteilung möchte gerne die Büroräume neu aufteilen und hat mich deshalb gebeten, dies bei Ihnen anzusprechen."

Herr Fischer (die formelle Führungskraft) antwortet:

„Das wundert mich jetzt doch sehr, Herr Müller. Ich habe den Eindruck, dass das Team im Allgemeinen gut harmoniert. Und vor allem, warum schicken die Kollegen Sie vor? Wozu haben wir denn die morgendliche Besprechung, wenn solche Dinge dort nicht angesprochen werden?"

Herr Müller antwortet:

„Die Kollegen hatten Bedenken, dass Sie den Vorschlag gleich ablehnen, wenn Sie von allen zusammen überrumpelt werden. Die Gruppe hat den Wunsch geäußert, dass ich das Problem zuerst alleine mit Ihnen besprechen soll, weil ich von allen Mitarbeitern in dieser Abteilung, einschließlich Ihnen, am längsten im Unternehmen bin, somit jeden Prozess von Anfang an miterlebt habe und

---

[19] Vgl. *Arenberg* (2016), S. 94; Vgl. *Schwarz* (2014), S. 183
[20] Vgl. *Spisak/Picca* (2017), S. 37, 57
[21] Vgl. *Springer Gabler | Springer Fachmedien Wiesbaden GmbH* (o. J.)

deshalb weiß, dass die Arbeitsatmosphäre in den einzelnen Büros schon mal besser war, als es im Moment der Fall ist."

Herr Fischer antwortet:

„Okay. Anscheinend gibt es da auch einige grundlegende Probleme in unserer Abteilung, die ich bis jetzt nicht so wahrgenommen habe. Ich spreche das Thema morgen früh im Meeting an, aber Sie können den Kollegen schon mal sagen, dass ich es besser gefunden hätte, wenn der Wunsch von allen zusammen in der Frühbesprechung geäußert worden wäre. Aber gut zu wissen, dass das Team sich wenigstens Ihnen gegenüber öffnet. Ich habe jetzt leider keine Zeit mehr. Wir sprechen morgen darüber. Vielen Dank, Herr Müller."

In diesem Beispiel besteht der Konflikt darin, dass Herr Müller Herrn Fischer, dem eigentlichen Chef der Abteilung, durch die Wunschäußerung seiner Kollegen nach einer neuen Büroaufteilung klar macht, dass die anderen Mitarbeiter sich davor scheuen direkten Kontakt zu Herrn Fischer aufzunehmen und sich bei Problemen lieber an Herrn Müller wenden.

Herr Fischer reagiert in diesem Beispiel aber sehr vorbildlich, obwohl die Vorgesetzten dem informell Führenden für gewöhnlich lieber verbieten wollen, Einfluss auf die anderen Mitarbeiter zu nehmen. Jedoch wäre es in dieser Situation falsch, wenn Herr Fischer sich empört äußert und Herrn Müller verbietet sich als Teamführer der Abteilung zu präsentieren. In der Regel führt solch ein Verhalten der formellen Führungskraft nämlich dazu, dass die Rolle des informell Führenden noch weiter gestärkt wird und sich die ganze Gruppe noch weiter vom Vorgesetzten entfernt.[22]

Aufgabe 3

A 3.1 Nach welchen Kriterien beurteilt man, in welcher Phase sich ein Team befindet?

Teams werden und bleiben nicht von alleine so leistungsfähig wie sie sind, denn das reine Zusammenfügen ausgewählter Personen führt noch lange nicht zu optimalen Arbeitsergebnissen.[23]

Mit der richtigen Methode kann man als Außenstehender schnell feststellen, ob ein Team langsam zusammenwächst, oder ob es den Faden verliert, weil es sich nicht auf das Wesentliche, die Aufgabenbewältigung, konzentriert. Im Hinblick darauf ist es

---

[22] Vgl. *Jiranek/Edmüller* (2017), S. 196
[23] Vgl. *Spielberger* (2016), S. 14

sinnvoll erst einmal herauszufinden, welche Phasen der Teamentwicklung es gibt, worin sie sich unterscheiden und worauf man in den einzelnen Phasen achten muss.[24]

Für die Beschreibung der Teamphasen hat sich das Modell von Bruce Tuckman aus dem Jahr 1965, in dem die Teamentwicklung in vier Phasen unterteilt wird, durchgesetzt und bewährt.[25]

Die Annahme von Tuckman ist, dass ein neu gebildetes Team nicht von Anfang an in vollem Umfang leistungsfähig ist, sondern erst einmal eine Art Lebenszyklus durchlaufen muss.[26]

Ein positiver Nebeneffekt ist, dass das Modell bestens für die Analyse von Outdoor-Teamworkshops geeignet ist, da man hieran gut erkennen kann, wann ein Team welche Hilfe benötigt.[27]

1. Forming → Orientierungsphase[28]:

In der Formungsphase sind die Teammitglieder sehr unsicher und es herrscht allgemeine Orientierungslosigkeit, weshalb noch eine starke Abhängigkeit von den Trainern bzw. Coaches besteht.

Die Führungsstruktur, die Rangordnung sowie die Normen und Rollen im Team sind in der Anfangsphase noch unklar.

Die Teammitglieder nähern sich vorsichtig an, gehen höflich miteinander um und loten sich gegenseitig aus. Eher zögerlich widmet sich das Team der Aufgabe, führt erste Regeln ein und zugleich werden vereinzelt Regelüberschreitungen ausgetestet.

Die Aufgabe der Trainer in dieser Phase besteht darin, den Teammitgliedern zu verdeutlichen, welchen Nutzen die kooperative Zusammenarbeit jedem Einzelnen, dem gesamten Team und dem Unternehmen, bei Workshops im Berufsleben, bringt.

2. Storming → Konfrontationsphase[29]:

Aufgrund unterschiedlicher Ziele der einzelnen Teammitglieder, ist die zweite Phase häufig von Konflikten, sowohl auf der Beziehungs- als auch auf der Aufgabenebene, geprägt. Es gibt Unstimmigkeiten bei der Prioritätensetzung sowie bei der Einigung

---

[24] Vgl. *Becker* (2016), S. 74
[25] Vgl. *Becker* (2016), S. 74; Vgl. *Oechsler/Paul* (2015), S. 333; Vgl. *Spielberger* (2016), S. 14
[26] Vgl. *Oechsler/Paul* (2015), S. 333
[27] Vgl. *Spielberger* (2016), S. 14
[28] Vgl. *Becker* (2016), S. 75; Vgl. *Dick/West* (2013), S. 26-27; Vgl. *Spisak/Picca* (2017), S. 245-246
[29] Vgl. *Becker* (2016), S. 76; Vgl. *Dick/West* (2013), S. 27; Vgl. *Spisak/Picca* (2017), S. 246

bezüglich der Vorgehensweisen und deren Ziele.

Zudem entstehen Machtkämpfe um die Führungsrolle im Team, die im schlimmsten Fall sogar so weit ausgetragen werden, bis Subgruppen oder kleinere Cliquen entstehen.

Die Stimmung ist im Allgemeinen sehr konfliktbeladen und polarisierend, jedoch finden mit der Zeit Abstimmungen über die Arbeitsorganisation, die Aufgabenteilung und die entsprechenden Abläufe statt.

Die Trainer sind in dieser Phase darauf bedacht dem Team durch Vermittlung, Schlichtung und Moderation bei der Konfliktbewältigung zu helfen.

Die Storming-Phase erscheint im ersten Moment sehr negativ, jedoch ist sie ein notweniger und essentieller Schritt. Erst durch die Bewältigung dieser Konflikte und Probleme kann aus vielen unterschiedlichen Personen ein funktionierendes Team werden.

Kommt es zu einem späteren Zeitpunkt zu einer Veränderung der Aufgabenstellung oder dazu, dass Mitglieder das Team verlassen bzw. neu hinzukommen, dann ist es sehr wahrscheinlich, dass das komplette Team in die Konfrontationsphase zurückfällt.

3. Norming → Organisationsphase[30]:

Werden die Widerstände überwunden, also die Konflikte der Storming-Phase produktiv und wertschätzend gelöst, dann geht das Team in die Norming-Phase über.

Die Rollenverhältnisse werden geklärt sowie Standards und Normen entwickelt, die ein vertrauensvolles Arbeitsklima schaffen und einen offenen Meinungsaustausch ermöglichen, wodurch endlich das ersehnte "Wir"-Gefühl aufkommt.

Der Anführer im Team wird fortan akzeptiert und etabliert sich, indem er Entscheidungen trifft, wie z. B. die Einteilung der anderen Teammitglieder, die sich ebenfalls mit ihrer Rolle in der Gruppe arrangiert haben, und die Koordination der Aufgaben.

Nun kann sich jeder mit der Gruppe identifizieren und die Konzentration voll und ganz auf die Bewältigung der Aufgabe legen.

Die Trainer versuchen in der Norming-Phase dem Team behilflich zu sein, indem sie

---

[30] Vgl. *Oechsler/Paul* (2015), S. 333; Vgl. *Spielberger* (2016), S. 15, Vgl. *Spisak/Picca* (2017), S. 246

den offenen Austausch der Mitglieder untereinander fördern und dadurch den Veränderungsprozess ankurbeln.

4. Performing → Leistungsphase[31]:

In der letzten Phase des Tuckman-Modells arbeiten alle Teammitglieder kooperativ und harmonisch zusammen. Die Kommunikation verläuft flüssig und sollte doch noch einmal ein Konflikt aufkommen, dann wird dieser funktional gelöst.

Die erfolgreiche Bearbeitung der Aufgabe steht für das Team an erster Stelle und je nachdem wessen Expertise gefragt ist, wird die Führungsrolle auch an ein anderes Teammitglied weitergegeben.

Die Trainer bieten in dieser letzten Phase der Gruppe weiterhin ihre Unterstützung an, fördern den gegenseitigen Lernprozess und vergewissern sich, dass die Leistungen erbracht werden und die Zusammenarbeit erfolgreich ist.

Kritik am Tuckman-Modell[32]:

Wie bereits erwähnt, kann ein neu hinzukommendes Mitglied oder der Verlust eines Mitgliedes dazu führen, dass das Team wieder in eine frühere Phase zurückfällt. Im schlimmsten Fall kann es sogar vorkommen, dass die Gruppe die Normierungs-Phase nie erreicht, sondern im Konfrontationsverhalten der ersten beiden Phasen stagniert.

Aus dem Grund wird das Modell häufig kritisiert, da es eine starke Vereinfachung der Realität darstellt. Man geht zwar davon aus, dass ein Team derartige Prozesse (Phase 1-4) durchläuft, der genaue Zeitpunkt und die Abfolge der Phasen sich allerdings nicht zwangsläufig so ereignen, wie es das Tuckman-Modell vorsieht. Des Weiteren wird davon ausgegangen, dass ein Team in jeder Phase eine hohe Leistungsfähigkeit zeigen kann und dies nicht nur in der Performing-Phase möglich ist.

Für Außenstehende, die ein Team beobachten und analysieren sollen, ist das Tuckman-Modell trotzdem hilfreich, da die grundlegenden Entwicklungen bei einer Teambildung im Phasen-Modell gut beschrieben werden und einzelne Bausteine des Modells in der Praxis bestimmt sichtbar werden.

---

[31] Vgl. *Becker* (2016), S. 76-77; Vgl. *Dick/West* (2013), S. 27; Vgl. *Spisak/Picca* (2017), S. 246, 248
[32] Vgl. *Arenberg* (2016), S. 64; Vgl. *Spielberger* (2016), S. 16

Spezialfall: Outdoor-Workshop

Da wir uns in diesem Aufgabenbeispiel "draußen" befinden, der Teamentwicklungs-Workshop also im Freien stattfindet, ist es für einen Außenstehenden, der während des Workshops als Beobachter fungieren soll, wichtig, die Besonderheiten eines solchen Trainings zu kennen.

Der Sinn hinter einem Outdoor-Workshops ist der, dass das gemeinsame Arbeiten in einer ungewohnten Situation bzw. einem ungewohnten Umfeld eine hohe soziale Interaktion zwischen den Teammitgliedern erfordert sowie auf diese Weise gemeinsame Erfahrungen gesammelt werden, die in den alltäglichen Büroräumen so nicht zustande kommen würden.[33]

Outdoor-Workshops zeichnen sich dadurch aus, dass die Natur als Lernfeld genutzt wird, Fehler in der Durchführung unmittelbare Konsequenzen nach sich ziehen und dass später nur das an neuem Wissen und Kompetenzen mitgenommen werden kann, was sich die Gruppe selbst erarbeitet hat.[34]

Der wesentliche Vorteil an Outdoor-Workshops ist das intensivere Empfinden, da die Aktionen in solchen Trainings mit deutlich mehr Emotionen verbunden sind und somit in den Köpfen der Teilnehmer länger haften bleiben. Folglich können die Erfahrungen und Erkenntnisse von den Teilnehmern im späteren Arbeitsleben leichter abgerufen werden.

Des Weiteren veranlassen Outdoor-Aktivitäten die Menschen dazu, aus ihrer Komfortzone auszubrechen und Grenzen zu überschreiten. Die Teilnehmer werden auf diese Weise praktisch dazu gezwungen sich auf die Teamarbeit einzulassen, da die Aufgaben sonst nicht gelöst bzw. erfolgreich durchgeführt werden können.[35]

Genauso wichtig wie die effektive Durchführung eines Outdoor-Workshops ist der anschließende Transfer, also der Meinungsaustausch, bei dem bestenfalls jeder Teilnehmer offen sagen kann, wie einem der Workshop gefallen hat, was man nicht mochte und welche neuen Erkenntnisse oder Erfahrungen man für sich mitnimmt. Gleichermaßen muss im Anschluss diskutiert werden, wie man das Gelernte dauerhaft im Arbeitsalltag verankern kann, um es für einen selber und die Kollegen, die nicht am Workshop teilgenommen haben, nachhaltig nutzbar zu machen.[36]

---

[33] Vgl. *Arenberg* (2016), S. 72
[34] Vgl. *Arenberg* (2016), S. 72; Vgl. *Spielberger* (2016), S. 21
[35] Vgl. *Arenberg* (2016), S. 72; Vgl. *Spielberger* (2016), S. 22-23
[36] Vgl. *Spielberger* (2016), S. 31

A 3.2 Entwurf eines Beobachtungsbogens

Um im Notfall feststellen zu können in welcher Entwicklungsphase ein Team Probleme hatte, falls eine Aufgabe nicht oder nur mittelmäßig bewältigt werden konnte, fällt es einem Beobachter leichter, wenn er ein sogenanntes Diagnoseinstrument zu Hilfe nehmen kann, um die Gruppe jederzeit den entsprechenden Teamentwicklungs-Phasen zuordnen zu können.

Besser ist es, wenn für solche Beobachtungsverfahren externe Berater oder Spezialisten hinzugezogen werden, da sie den ganzen Prozess objektiv betrachten. Üblicherweise überprüfen diese Beobachter, ob das Gesagte der Teilnehmer mit ihrem tatsächlichen Verhalten übereinstimmt.[37]

Andere Beobachter wiederum bevorzugen die "invasive Teamdiagnose", bei der die Gruppe bewusst in die Phasenzuordnung mit eingebunden wird. Anhand von Fragebögen oder Fragerunden, während des gesamten Workshops, sollen die einzelnen Teammitglieder immer wieder selbst einschätzen, in welcher Teamentwicklungsphase sie sich im Moment befinden.[38]

Grundsätzlich ist es aber auch als außenstehende Person ohne viel Erfahrung möglich, aufgrund relevanter Fragen, festzustellen, in welcher Phase sich ein Team gegenwärtig aufhält. Dafür wird im Vorfeld ein Beobachtungsbogen mit strukturierenden Fragen erstellt, der vom Beobachter während des Trainings ausgefüllt wird.[39]

Anhand solcher Beobachtungsbögen kann anschließend auch leichter festgestellt werden, warum ein Team erfolgreich oder erfolglos war. Außerdem kann man den Trainern des Outdoor-Workshops so mitteilen, dass beispielsweise Rahmenbedingungen geändert oder Anpassungen vorgenommen werden müssen, wenn man bei mehreren Trainings derselben Art feststellt, dass die Teams immer an der gleichen Stelle ins Wanken geraten.

Die folgenden drei Abbildungen stellen einen dreiseitigen Beobachtungsbogen dar, mit Hilfe dessen man in einem Outdoor-Teamentwicklungs-Workshop jederzeit feststellen kann, in welcher Phase sich das Team gerade befindet.

---

[37] Vgl. *Spielberger* (2016), S. 49
[38] Vgl. *Spielberger* (2016), S. 49-50
[39] Vgl. *Spielberger* (2016), S. 49

Teamentwicklungs-Workshop: Outdoor

Datum: _____

Beginn (Uhrzeit): _____

Anzahl der Teammitglieder: _____

Teammitglieder kennen sich: □ ja   □ nein   □ teilweise

Aufgabenstellung und Ziel: _____

_____

_____

_____

1. Phase: Forming

Phase beginnt: _____ Uhr   **Phase endet:** _____ Uhr

	ja	nein	teilweise
Unsicherheit im Team / Orientierungssuche			
Zusammenarbeit funktioniert noch nicht			
Rollen und Normen existieren noch nicht			
Trainer verdeutlichen Vorteile der Teamarbeit?			

Stimmung im Team: _____

Umgangston im Team: _____

Phase hat nicht stattgefunden --> warum? _____

_____

Andere Anmerkungen: _____

_____

Abbildung 2: Beobachtungsbogen Outdoor-Teamentwicklungs-Workshop / 1. Seite

(Quelle: Eigene Darstellung)

2. Phase: Storming

Phase beginnt: _____ Uhr   **Phase endet:** _____ Uhr

	ja	nein	teilweise
viele emotionale Auseinandersetzungen			
Subgruppen werden gebildet			
Aufgabenkonflikte			
langsam werden Aufgaben verteilt			
Trainer vermitteln bei der Konfliktbewältigung?			

Stimmung im Team: _____

Umgangston im Team: _____

**Phase hat nicht stattgefunden
--> warum?**   _____

_____

Andere Anmerkungen: _____

_____

3. Phase: Norming

Phase beginnt: _____ Uhr   **Phase endet:** _____ Uhr

	ja	nein	teilweise
Normen und Vorgehensweisen werden besprochen			
Rollen werden verteilt			
Es gibt einen Anführer			
Gruppengefühl entsteht			
Trainer fördern den Austausch zw. den Mitgliedern, um Veränderungsprozess anzukurbeln?			

Stimmung im Team: _____

Umgangston im Team: _____

**Phase hat nicht stattgefunden
--> warum?**   _____

_____

Andere Anmerkungen: _____

_____

Abbildung 3: Beobachtungsbogen Outdoor-Teamentwicklungs-Workshop /

2. Seite

(Quelle: Eigene Darstellung)

4. Phase: Performing

Phase beginnt: _____ Uhr   **Phase endet:** _____ Uhr

	ja	nein	teilweise
das Team arbeitet kooperativ und harmonisch zusammen			
Führungsrolle wird auch weitergegeben			
es entstehen/bestehen weiterhin Konflikte			
Konflikte werden funktional gelöst			
Trainer bieten weiterhin Unterstützung an?			

Stimmung im Team: _____

Umgangston im Team: _____

Phase hat nicht stattgefunden _____
--> warum?
_____

Andere Anmerkungen: _____
_____

Fazit:

Wurde das Trainingsziel erreicht?   □ ja   □ nein

Wie wurde die Aufgabe bearbeitet?   □ gut
                                              □ mittelmäßig
                                              □ schlecht

Warum wurde die Aufgabe gut erfüllt? _____
_____

Warum wurde die Aufgabe nicht _____
oder nur mittelmäßig erfüllt? _____

Wie hat das Team den Workshop empfunden? _____
_____
_____

Allgemeine Anmerkungen vom _____
Beobachter:
(Was was positiv/negativ? _____
Verbessungsvorschläge für die Zukunft
etc.) _____

Abbildung 4: Beobachtungsbogen Outdoor-Teamentwicklungs-Workshop /

3. Seite

(Quelle: Eigene Darstellung)

Der Beobachtungsbogen ist vor allem deshalb eines der effizientesten Diagnoseinstrumente, da er auch die Arbeit der Trainer erleichtert. Sie erhalten zum Schluss, wenn der Bogen sorgfältig ausgefüllt wurde, eine Zusammenfassung des Workshops, aus der sie entnehmen können, wie die Teilnehmer das Training empfunden haben, wie es auf den außenstehenden Beobachter gewirkt hat und welche Probleme oder Konflikte es möglicherweise gab, die man als Trainer gar nicht mitbekommen hat, aufgrund dessen dass man auch als Coach aktiv am Workshop-Geschehen beteiligt ist.

Mit Hilfe der vier Tabellen, in denen die wesentlichen Vorkommnisse aufgelistet sind, die die jeweilige Phase ausmachen, kann man während des Geschehens die Vorgänge im Team ganz schnell abhaken oder ankreuzen und somit Zeit einsparen. Später kann man dadurch auch auf einen Blick erkennen, ob eine Phase durchlaufen wurde oder ob sie gar nicht erst stattgefunden hat.

Die Eintragung der Uhrzeit, wann eine Phase begonnen und geendet hat, soll einem im Nachhinein Aufschluss darüber geben, ob sich ein Team womöglich zu lange in einer Phase aufgehalten hat. Konnte die Aufgabe im Outdoor-Workshop vom gesamten Team nur mittelmäßig oder sogar gar nicht bewältigt werden, so können die eingetragenen Zeiten eine Offenlegung sein, wann das Team zu lange verweilt hat und womit es seine Zeit verbracht hat.

Im Fazit-Teil, auf der dritten Seite des Beobachtungsbogens, soll einerseits festgehalten werden, wie das allgemeine Ergebnis der Gruppe war: wurde die Aufgabe bzw. das Ziel erreicht und wenn ja in welcher Qualität. Andererseits soll der Beobachter in diesem Abschnitt auch die Meinungen und Stimmungen der Teammitglieder aufnehmen, um sich auch deren Ansichten später noch einmal verdeutlichen zu können

Schlussendlich soll natürlich auch der Beobachter nochmal alles Revue passieren lassen, indem er das für ihn Positive und Negative aus dem Workshop notiert sowie generelle Anmerkungen oder Verbesserungs- bzw. Veränderungsvorschläge aufschreibt.

Es lohnt sich daher einmalig die Zeit in den Entwurf eines solchen Beobachtungsbogens zu investieren, da man als Außenstehender so schnell herausfinden kann, in welcher Entwicklungsphase sich ein Team befindet und man sich demzufolge eine lange und aufwendige Nacharbeitung sparen kann.

Literaturverzeichnis

Bücher:

Becker, F. (2016), Teamarbeit, Teampsychologie, Teamentwicklung: So führen Sie Teams!, 1. Auflage, Berlin/Heidelberg.

Dick, R./West, M. (2013), Teamwork, Teamdiagnose, Teamentwicklung, 2. Auflage, Göttingen.

Jiranek, H./Edmüller, A. (2017), Konfliktmanagement: Konflikten vorbeugen, sie erkennen und lösen, 5. Auflage, Freiburg.

Müller, E. (2014), Konfliktmanagement: So lösen Sie Konflikte und verbessern das Betriebs- und Arbeitsklima!, 1. Auflage, Heidelberg/München/Landsberg/Frechen/Hamburg.

Oechsler, W./Paul, Ch. (2015), Personal und Arbeit, 10. Auflage, Berlin/München/Boston.

Proksch, St. (2014), Konfliktmanagement im Unternehmen, 2. Auflage, Berlin/Heidelberg.

Schwarz, G. (2014), Konfliktmanagement: Konflikte erkennen, analysieren und lösen, 9. Auflage, Wiesbaden.

Spielberger, T. (2016), Maßnahmen zum Outdoor-Teambuilding, 1. Auflage, Wiesbaden.

Spisak, M./Picca, M. (2017), Führungsfaktor Psychologie, 1. Auflage, Berlin/Heidelberg.

Zielke, Ch. (2017), Führungstechniken: Richtig kommunizieren, Mitarbeiter motivieren, Teams führen, 1. Auflage, Freiburg.

Studienbrief:

Arenberg, P. (2016), Teamentwicklung, 5. Auflage, Studienbrief der SRH
    Fernhochschule, Riedlingen.

Artikel aus dem Internet:

GRIN Verlag / Open Publishing GmbH (2010): Guter Führungsstil. Das
    Reifegradmodell von Hersey und Blanchard, https://www.hausarbeiten.
    de/document/153010, abgerufen am 14.03.2018.

KAYENTA Training und Beratung (o. J.): Der situative Führungsstil: Anwendung
    in der Praxis, https://www.kayenta.de/training-seminar/artikel/der- situative-
fuehrungsstil-anwendung-in-der-praxis.html, abgerufen am 15.03.2018.

Springer Gabler | Springer Fachmedien Wiesbaden GmbH (o. J.): Führer,
    https://wirtschaftslexikon.gabler.de/definition/fuehrer-35277, abgerufen   am
03.04.2018.

Springer Gabler | Springer Fachmedien Wiesbaden GmbH (o. J.): Theorie des
    Reifegrades, http://wirtschaftslexikon.gabler.de/Definition/theorie-des-
    reifegrades.html, abgerufen am 15.03.2018.